22496500R00062

Made in the USA
Middletown, DE
14 December 2018